Méthode de français pour les petits

E. Ruiz Félix - I. Rubio Pérez
Directrice d'ouvrage : H. Vanthier

Tableau des contenus

UNITÉS	COMMUNICATION
 **UNITÉ 1** Bonjour Clémentine ! *Page 4*	Saluer/Prendre congé Se présenter Compter de 0 à 6
UNITÉ 2 À l'école *Page 14* 	Identifier un objet Dire ce qu'on a Caractériser avec des couleurs
 **UNITÉ 3** Joyeux Noël ! *Page 24*	Présenter sa famille Parler de Noël
UNITÉ 4 De la tête aux pieds *Page 34* 	Parler du corps Parler des vêtements
 **UNITÉ 5** À la maison *Page 44* 	Parler de la maison Découvrir quelques formes géométriques Parler des animaux domestiques
UNITÉ 6 En vacances *Page 54* 	Parler des moyens de transport Parler du temps Parler des vacances

ISBN : 978-209-038370-6
© CLE International, 2018

GRAMMAIRE	LEXIQUE	PROJET
Je m'appelle… *J'ai 6 ans.*	*Bonjour* *Comment ça va ?* *Et toi ?* *Au revoir*	Ma carte d'identité
Qu'est-ce que c'est ? *C'est…* *J'ai un cartable rouge.*	Les couleurs : *rouge, jaune, bleu, vert, rose* Le matériel scolaire : *un cartable, un livre, une gomme, un crayon, une règle*	Mon cartable
C'est mon papa. *J'ai une sœur.* *Je n'ai pas de frère.*	La famille : *papa, maman, frère, sœur, papi, mamie* Noël : *le sapin, les boules, les cadeaux, le Père Noël*	Le sapin de Noël
Il a une tête et deux bras. *Il/Elle porte…*	Les parties du corps : *la tête, les bras, les mains, les jambes, les pieds* Les vêtements : *un pull, une robe, une jupe, un pantalon, un tee-shirt*	Méli-mélo
J'habite dans une maison, un appartement. *Il y a un jardin, deux chambres.*	La maison et l'appartement : *une cuisine, un salon, une chambre, une salle de bains, un jardin* Les formes géométriques : *le carré, le rectangle* Les animaux domestiques : *le chien, le chat, la tortue, le poisson rouge*	Le mobile des animaux
Il pleut. *Il fait beau.* *Il fait froid.*	Les moyens de transport : *la voiture, le vélo, le train, l'avion*	La roue de la météo

UNITÉ 1

1 2 3 4 5 6 1 2 3 4 5 6 1 2 3

Leçon 1 Bonjour !

1. Écoute et devine. 🎧 01

- Hello
- Buenos días
- Konnichiwa
- Guten Tag
- Bonjour
- Salam

2. Écoute et joue. 🎧 02

Gabi	Thomas	Clémentine
 Toto		 Nemo

3. Écoute et mime.

Bonjour

Au revoir

4. Écoute et entoure.

a.

b.

c.

5. Joue. Je m'appelle…

UNITÉ 1

Leçon 2 J'ai 6 ans

1. Écoute et montre.

2. Écoute et chante.

1, 2, 3
Olé, olé, olé
Olé, olé, olé
4, 5, 6
Olé, olé, olé
Olé, olé, olé

3. Joue. 1, 2…

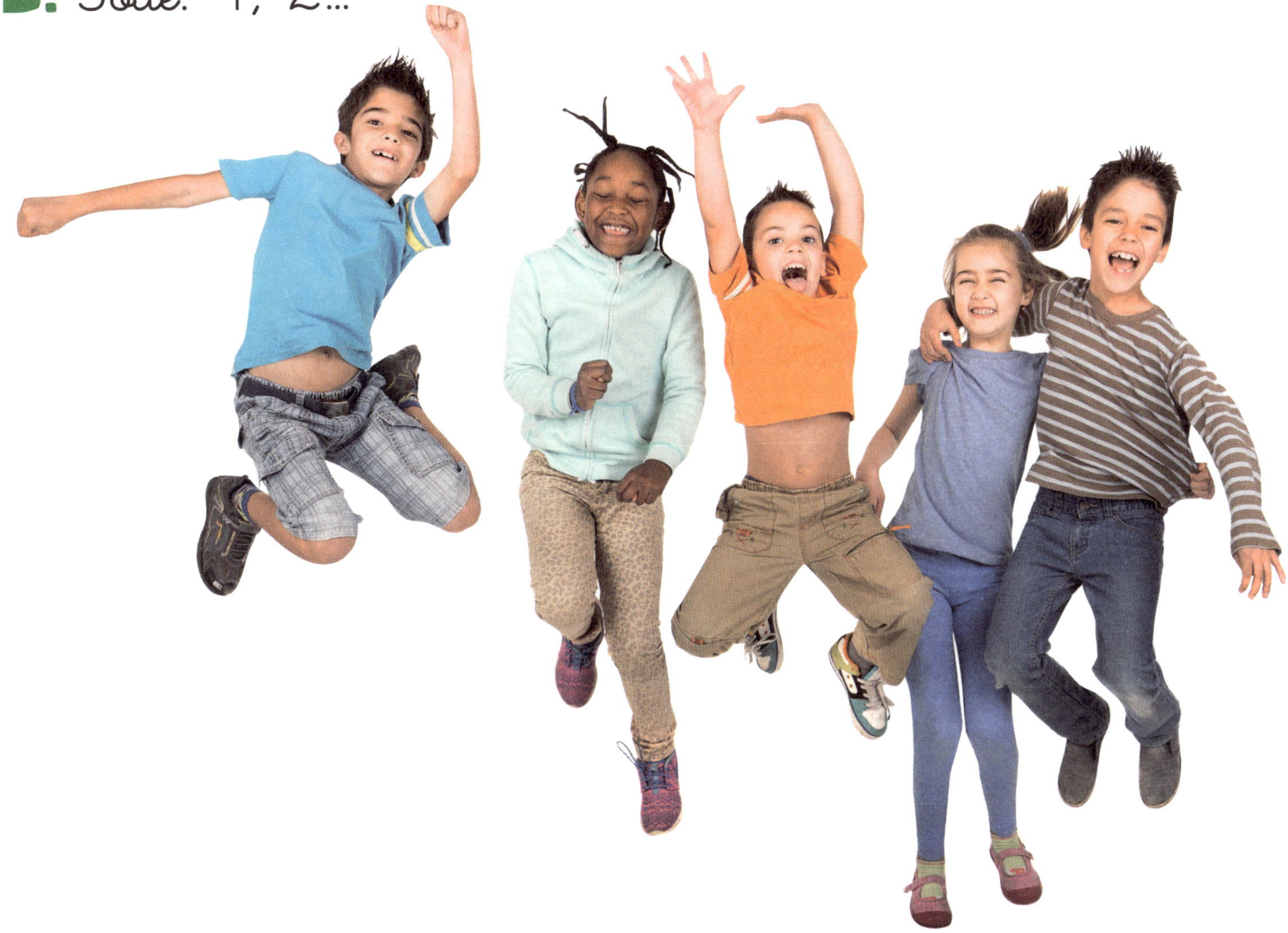

4. Écoute et dis. J'ai 6 ans et toi ? 07

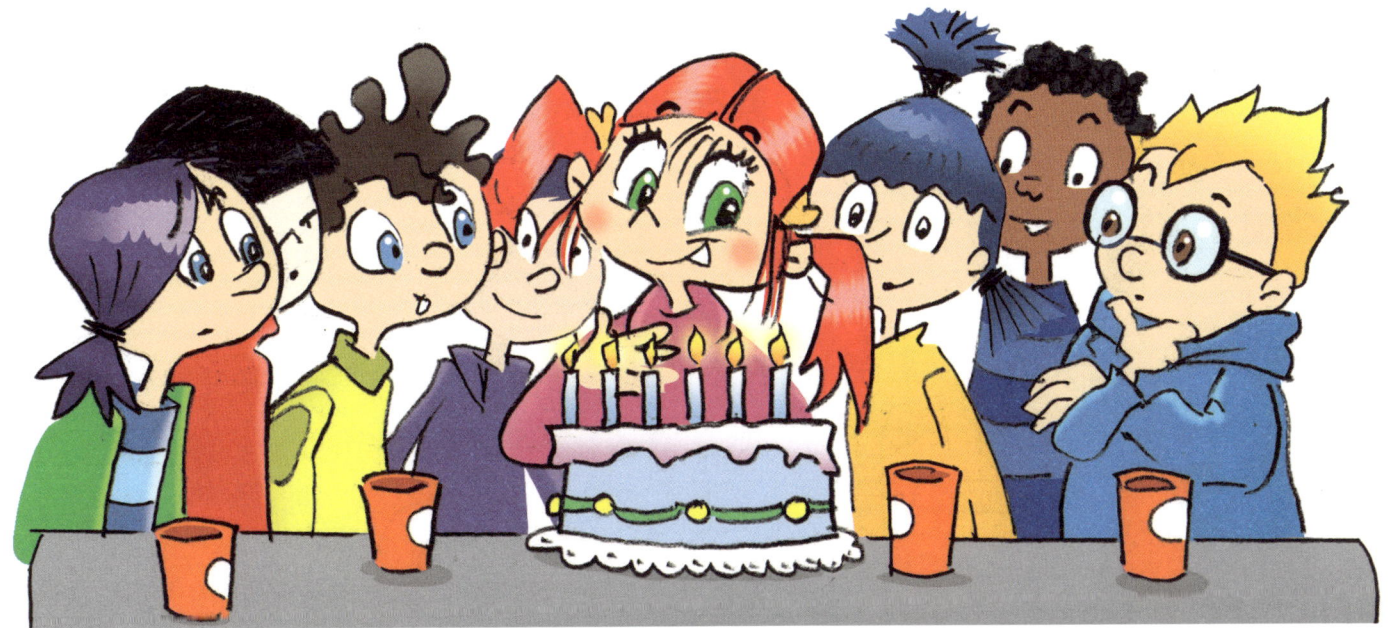

UNITÉ 1

Leçon 3 Je m'appelle Alice

1. Écoute et regarde.

2. Écoute et colorie.

a.

b.

3. Compte.

a.   b.   c.   d.

4. Écoute et entoure.

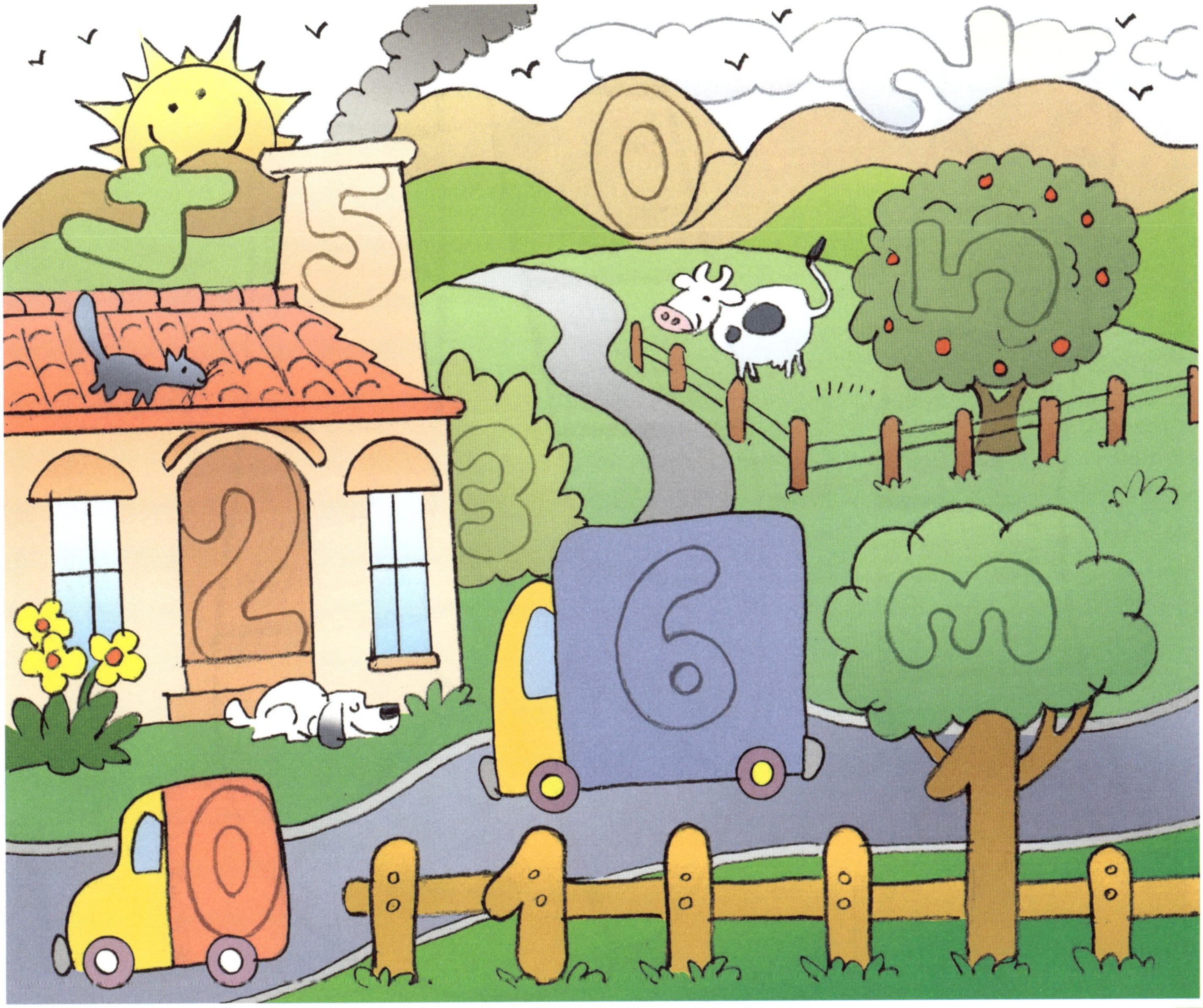

UNITÉ 1

Leçon 4 Clémentine, Gabi et Thomas

1. Joue.

UNITÉ 1
Ma carte d'identité

Colle ta photo et complète.

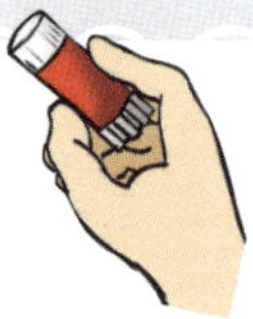

Prénom :
....
Âge :
.... ans

Prénom :
Clémentine

Âge :
6 ans

UNITÉ 2

Leçon 1 Bleu, vert, rose

1. Écoute et montre.

2. Écoute et chante.

3. Colorie ✏️

1. 🔴
2. 🟢
3. 🟡
4. 🔵
5. 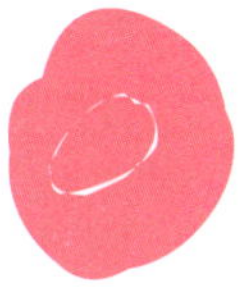 🩷

4. Écoute et entoure. 🎧 14 ⓐ b.

a. b. c. d.

UNITÉ 2

Leçon 2 Une gomme ! Une gomme !

1. Écoute et numérote.

2. Écoute et chante.

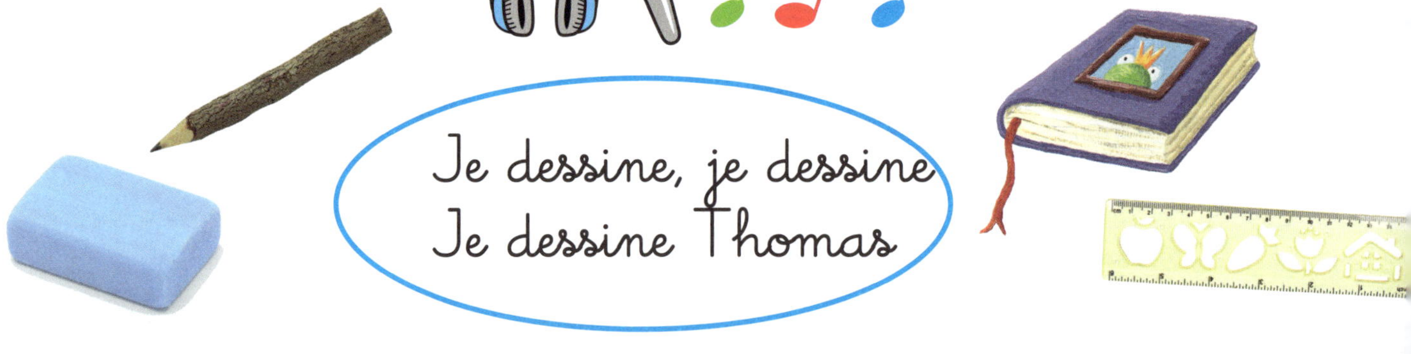

Je dessine, je dessine
Je dessine Thomas

3. Écoute et entoure.

a.

b.

c.

4. Touche et devine.

UNITÉ 2

Leçon 3 J'ai une règle jaune

1. Écoute et regarde.

2. Relie et dis.

a.

b.

c.

 1.

 2.

 3.

3. Écoute, relie et colorie.

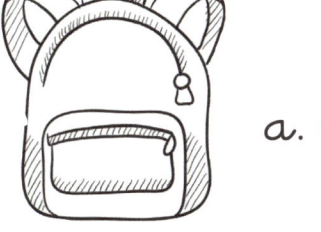 a.

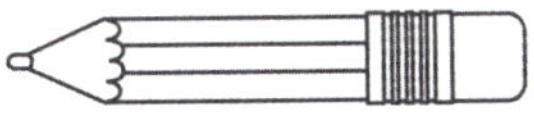

b.

c.

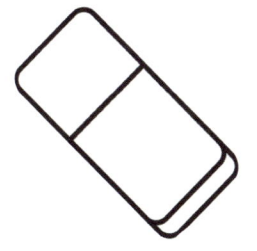 d.

1.

2.

3.

4.

19

UNITÉ 2

Leçon 4 J'ai un cartable rouge

1. Écoute et montre.

2. Écoute et chante.

Le cartable rouge

J'ai un cartable rouge
Ma tante tire tire lire
J'ai un cartable rouge
Ma tante tire tire lo

UNITÉ 2
MON CARTABLE

Colorie et décore le cartable.

UNITÉ 3

Leçon 1 C'est le Père Noël !

1. Écoute et colorie.

2. Relie.

a. • • 1.

b. • • 2.

c. • • 3.

3. Écoute et montre.

4. Écoute et chante.

Vive Noël, vive Noël,
vive le Père Noël,
Sapin vert, boule rouge
et guirlandes bleues, hé

25

UNITÉ 3

Leçon 2 C'est Mamie !

1. Écoute et entoure. a. b.

a.

b.

c.

d.   e.

2. Écoute et chante.

Papa doigt, papa doigt
Comment ça va ?
Ça va bien, ça va bien
et toi, Gabi ?

3. Écoute et montre.

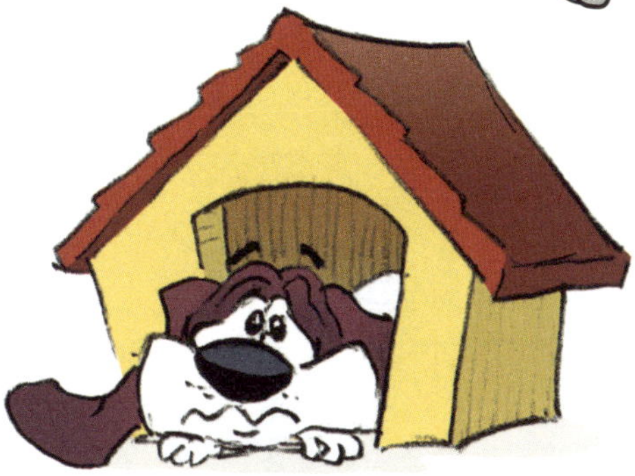

a.
b. 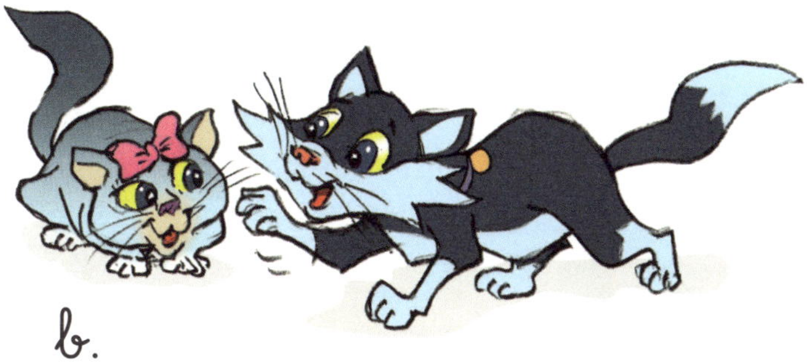
c. 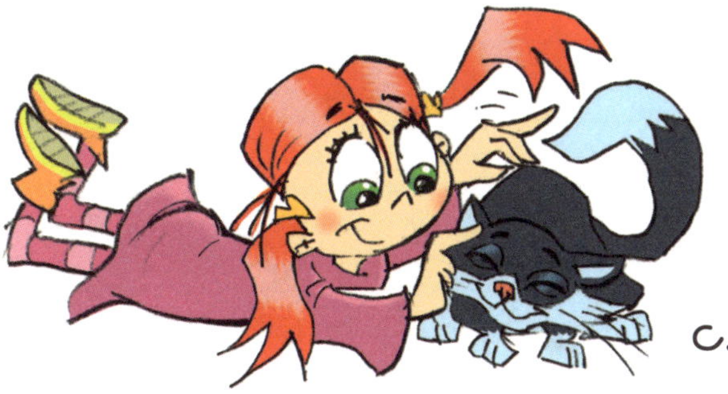
d. 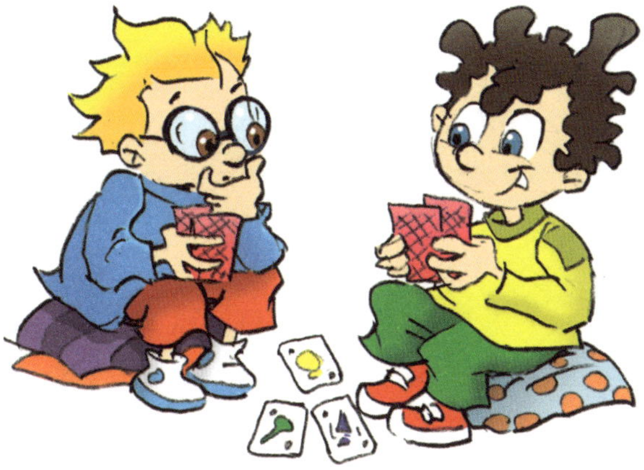

4. Dessine et présente ta famille.

UNITÉ 3

Leçon 3 Oh ! Les cadeaux !

1. Écoute et montre.

2. Relie.

3. Écoute et entoure. 🎧 29 a. b.

a.

b.

UNITÉ 3

Leçon 4 Merci, Père Noël !

1. Regarde. La maman s'appelle…

Hugo • Lina • Ana • Alex • Léo • Julia • Raul • Maria

UNITÉ 3
LE SAPIN DE NOËL

a. Dessine les mains.

b. Découpe les mains.

c. Colle les mains.

d. Colle des photos.

UNITÉ 4

Leçon 1 La tête et les pieds

1. Écoute et montre.

2. Écoute et colorie.

3. Écoute et chante.

Une petite main qui danse
Une petite main qui danse
Une petite main qui danse
Et ça suffit pour m'amuser

4. Écoute et entoure.

a.

b.

35

UNITÉ 4

Leçon 2 Je n'ai pas de pantalon

1. Écoute et montre.

2. Écoute et entoure.

3. Écoute. C'est... 🎧

| Matéo | Isabelle | Léa | Noé |

4. Trace. ✏️

a. un pull

b. une jupe

c. une robe

UNITÉ 4

Leçon 3 Thomas est grand !

1. Écoute et regarde.

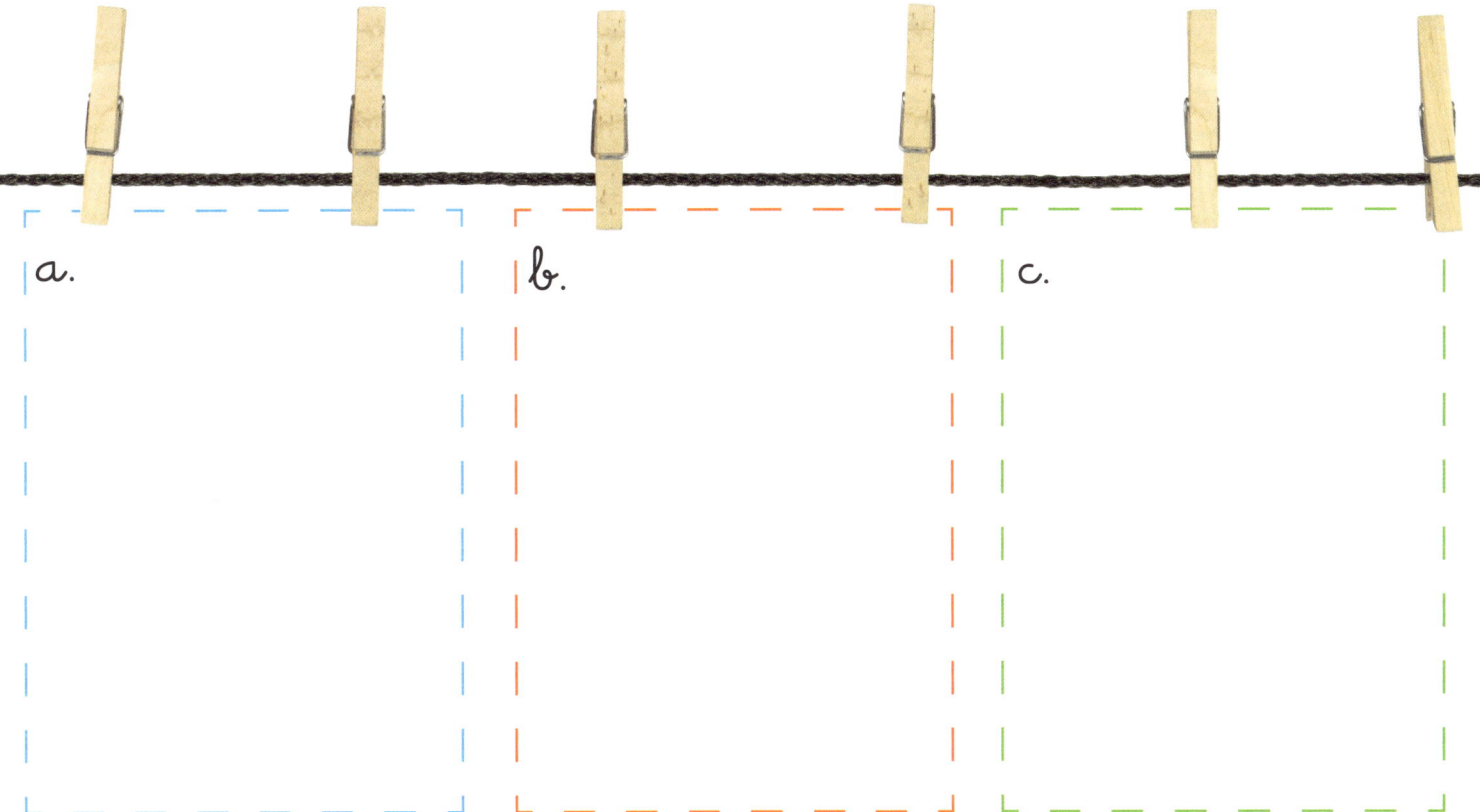

2. Écoute, dessine et colorie.

a.

b.

c.

3. Joue. Devine.

39

UNITÉ 4

Leçon 4 J'ai une jupe rouge

1. Écoute et corrige. 🎧 40

a.

b.

2. Dessine et colorie. ✏️

3. Écoute et chante.

La ronde des vêtements
C'est la ronde des vêtements,
Qui volent dans le vent.

UNITÉ 4
MÉLI-MÉLO

a. Découpe.

b. Colle sur une feuille.

UNITÉ 5

Leçon 1 Où est Thomas ?

1. Écoute et trouve Thomas.

2. Écoute et chante.

Où est Gabi ?
Où est Gabi ?
Dans la cuisine, dans la cuisine
Mais non, mais non
Mais non, mais non

3. Écoute et entoure.

a.

b.

c.

d.

45

UNITÉ 5

Leçon 2 J'ai une tortue verte

1. Écoute et montre.

2. Écoute et relie. 🎧 46

a. ●   ● 1.

b. ●   ● 2.

c. ●   ● 3.

3. Écoute et entoure. 🎧 47 ⓐ b.

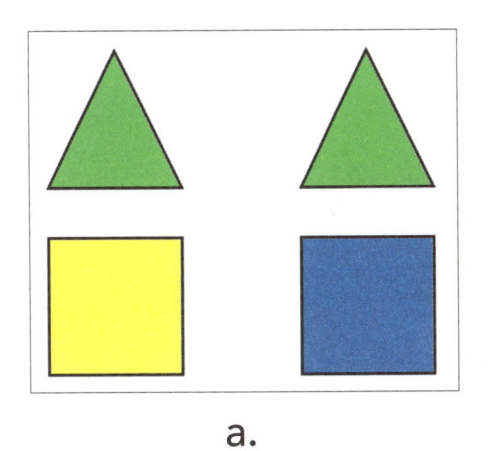

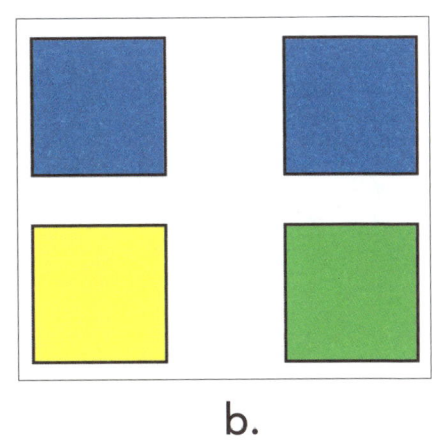

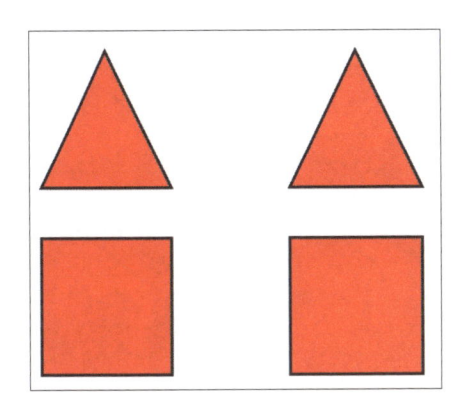

a.   b.   c.

47

UNITÉ 5

Leçon 3 Toto et Nemo

1. Regarde et dis. Où est le chat ? Le chat est dans…

2. Écoute et numérote.

3. Qu'est-ce qu'il y a ? Trouve et compte.

49

UNITÉ 5

Leçon 4 C'est le jardin

1. Regarde. C'est…

a.

b.

c.

d.

2. Dessine ta maison.

50

3. Écoute et chante.

Le rock and roll des animaux

Il y a dans ma maison
Des chiens, des chats, des poissons,
Il y a même des tortues
Qui dansent dans la cuisine.

51

UNITÉ 5
LE MOBILE DES ANIMAUX

a. Colorie.

b. Découpe.

c. Attache les dessins.

53

UNITÉ 6

Leçon 1 À vélo

1. Écoute et montre. 🎧 50

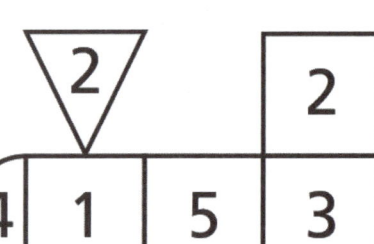

2. Colorie. ✏️

1. 🔴 2. 🔵 3. 🟢 4. 🩷 5. 🟡

3. Écoute et numérote. 🎧 51

4. Écoute et barre l'intrus. 🎧 52

a.   b.   c.

55

UNITÉ 6

Leçon 2 Oh ! Il pleut !

1. Écoute et montre. 🎧 53

2. Écoute et chante. 🎧 54 🎤 ♪ ♫ ♪

Ploc, ploc, ploc,
Ploc, ploc, ploc, ploc, ploc
Il pleut

56

3. Trace.

il fait froid

4. Joue. Il fait quel temps ?

57

UNITÉ 6

Leçon 3 Oh, non ! la voiture…

1. Écoute et observe.

2. Écoute et entoure.   a. b.

a.

b.

c.

3. Joue.

4. Mime. L'avion…

59

UNITÉ 6

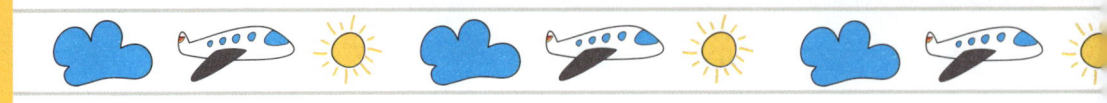

Leçon 4 Vive les vacances !

1. Trouve les différences.

a.    b.

2. Écoute, regarde et corrige.

60

3. Écoute et chante.

Vive les vacances

Vive les vacances, vive les vacances.
Vive les vacances, vive les vacances.
Clémentine aujourd´hui il fait beau.
À vélo Gabi et Thomas.
En famille les vacances, c´est super.
La la la la la la.

UNITÉ 6
LA ROUE DE LA MÉTÉO

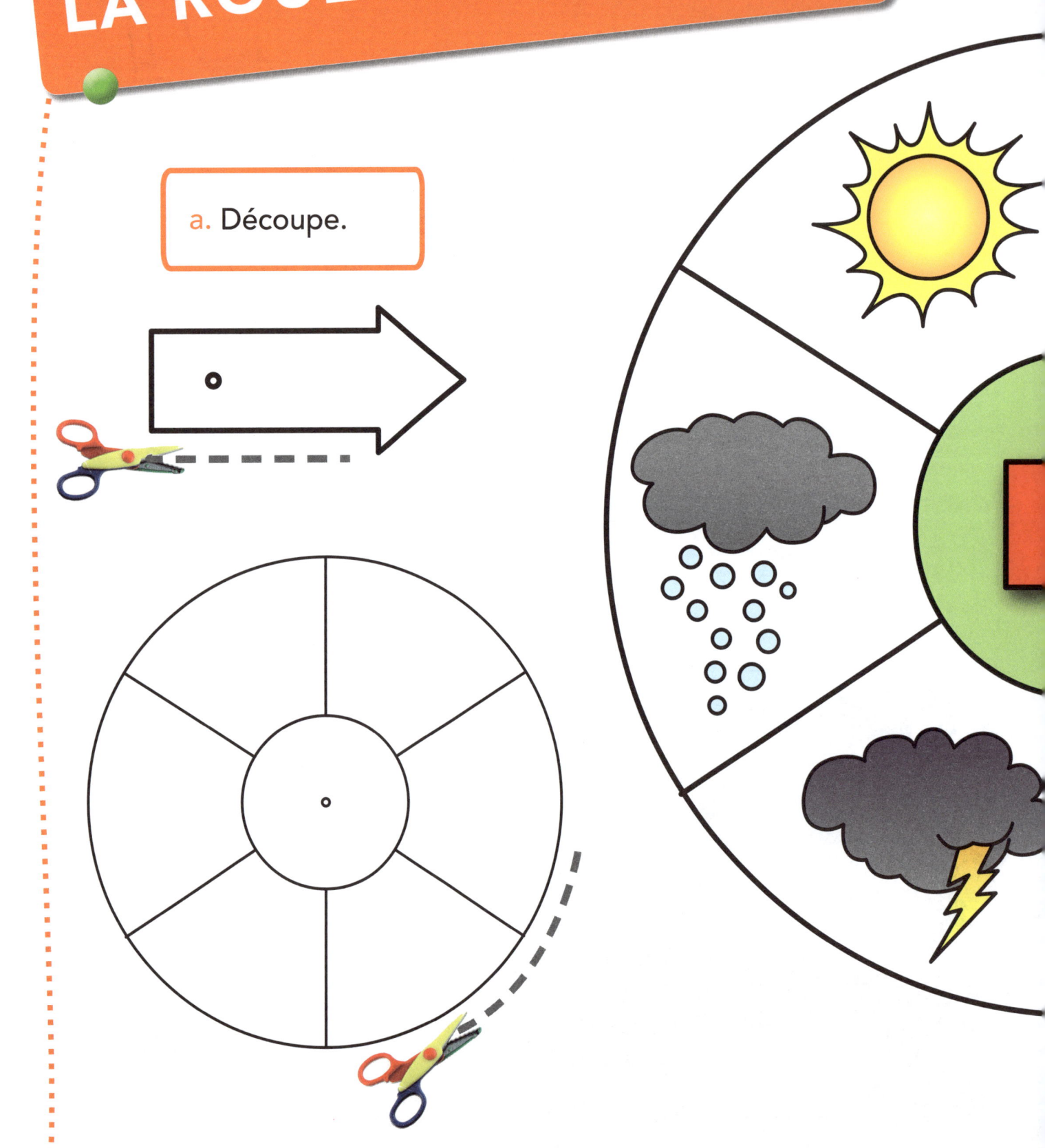

a. Découpe.

b. Dessine et colorie.

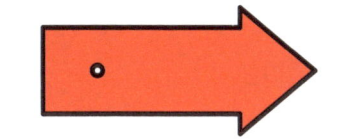

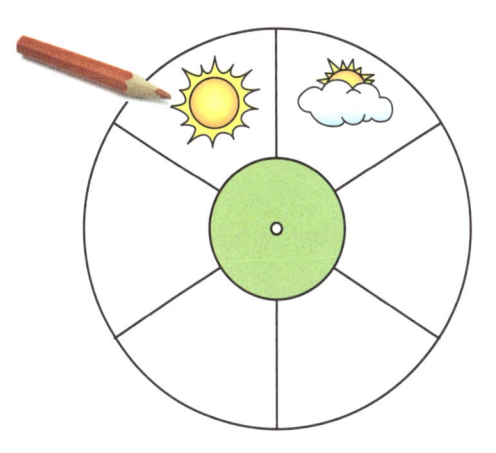

c. Mets la flèche.

63

Crédits photographiques

Adobe stock

p. 4 : ht Luis Louro ; m d VRD – p. 5 ht g bruno135_406 ; d michaeljung – p. 7 : ht Luis Louro – p. 8 : bas a. Fortuna23, b. HitToon.com – p. 10 : bas g M. Schuppich – p. 12-13 : m sabelskaya ; bas Luis Louro – p. 15 : bas a. Konstantin Yuganov ; b. JenkoAtaman ; c. sonsedskaya /Adobe ; d. Gelpi – p. 16 : bas g meepoohyaphoto, imstock ; bas g Taigi, andreapetrlik – p. 17 : bas g Acik, d JoyImage – p. 19 : bas d a. VIGE.co, b. grgroup, c. amin268, d. trentemollermix ; bas g yuliaburlakova – p. 22 : ht Michael Flippo ; m Peter Polak ; bas g 2dmolier, d Coprid – p. 23 : picsfive, chorniy10 ; bas d design56, g 2dmolier – p. 25 : ht a. ozaiachin ; b. Jeka84, Africa Studio, Ian 2010 ; m c. matousekfoto ; d. befree, MartinW ; bas g stockphoto-graf – p. 26 : bas d Creativa Images – p. 29 : bas Sergey Novikov – p. 30 : Catherine CLAVERY, pololia, AUFORT Jérome, vladimirfloyd, Kurhan, Lisa F. Young, nyul, PT Images, rocketclips – p. 31 : g RTimages, suwatwongkham ; d ht Valda, margelatu florina, m Valda, Руслан Бородин, b margelatu florina, Valda – p. 32 : m Alekss ; bas B4Step – p. 35 bas Albert Ziganshin – p. 36 : bas ht Kira Nova, Tarzhanova, rukanoga ; m Ruslan Kudrin, dechevm, Khvost ; bas ratana_k, indigolotos, Alex – p. 37 : ht g Anetta, m pololia, m svetamart, d Olesia Bilkei ; bas a. nys, b. Coprid, c. fotosaga – p. 40 : ht g Jelena Ivanovic ; d DreanA – p. 41 g Africa Studio ; m Philipimage ; d ht Africa Studio, m Ruslan Kudrin, b nys – p. 42 g nys, B4Step ; d ht Drobot Dean, B4Step ; bas Paul Hakimata, B4Step – p. 45 : ht Berna Şafoğlu ; bas a. pololia, djdarkflower, b. Picture Partners, aterrom, c. sirikorn, Jérôme Rommé, d. Ben Gingell, laguna35 – p. 50 : a. sabine hürdler, b. Monkey Business, c. Кирилл Рыжов, d. Lucky Dragon – p. 52 : picsfive – p. 53 : B4Step – p. 55 : bas a. Rawpixel.com, b. Robert Wilson, c. stockphoto-graf – p. 56 : ht g famveldman, d Konstantin Yuganov, Sergey Novikov ; bas d Konstantin Yuganov – p. 57 : ht pressmaster ; bas d Mercedes Fittipaldi, Alexandra Karamyshev ; m Ivonne Wierink, pzAxe, nata777_7, Africa Studio, dmitrimaruta ; d juliko77, serkucher – p. 59 : ht a. candy1812, b. Gorilla, c. Hemant ; m WavebreakmediaMicro ; bas g seralex, klenger, Bombay_foto – p. 60 : bas Cobalt, afxhome – p. 62 : g B4Step – p. 63 : d picsfive

Directrice éditoriale : Béatrice Rego
Édition : Brigitte Faucard
Conception maquette intérieure : Dagmar Stahringer
Mise en pages : AMG
Illustrations : Oscar Fernández
Couverture : Dagmar Stahringer
Enregistrements : Vincent Bund

Achevé d'imprimer en Espagne par Graficas Estella en juin 2023
N° Projet : 10293698 - Dépôt légal : Février 2018